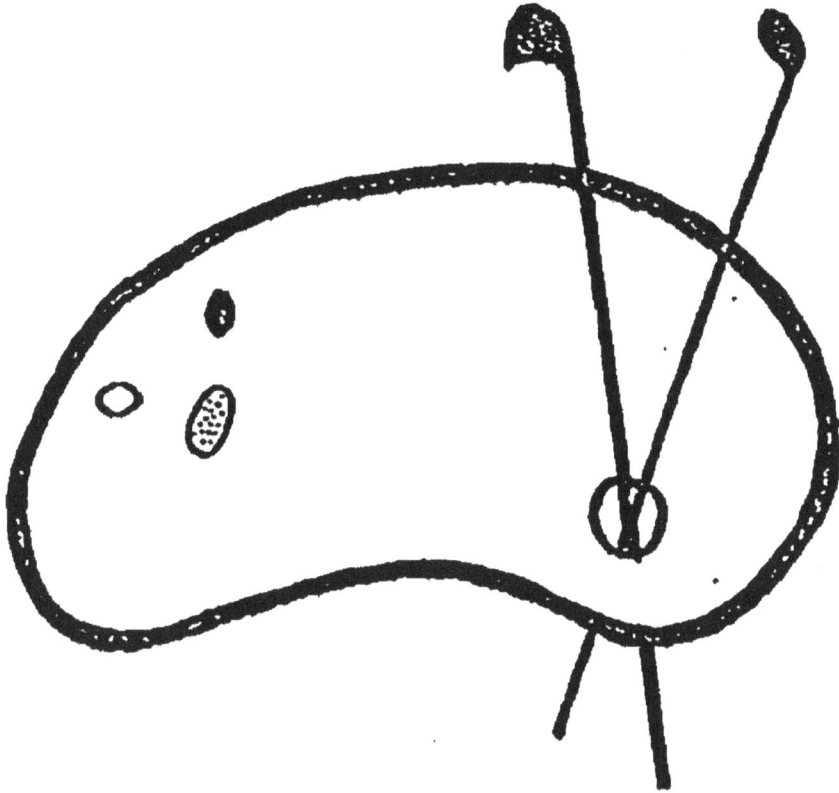

DEBUT D'UNE SERIE DE DOCUMENTS
EN COULEUR

LES
PÈLERINAGES
EN PICARDIE
DU XIVᴱ AU XVIᴱ SIÈCLE

PAR

F. POUY

AMIENS

IMPRIMERIE GÉNÉRALE, ROUSSEAU-LEROY ET Cⁱᵉ

18, RUE SAINT-FUSCIEN, 18

—

1889

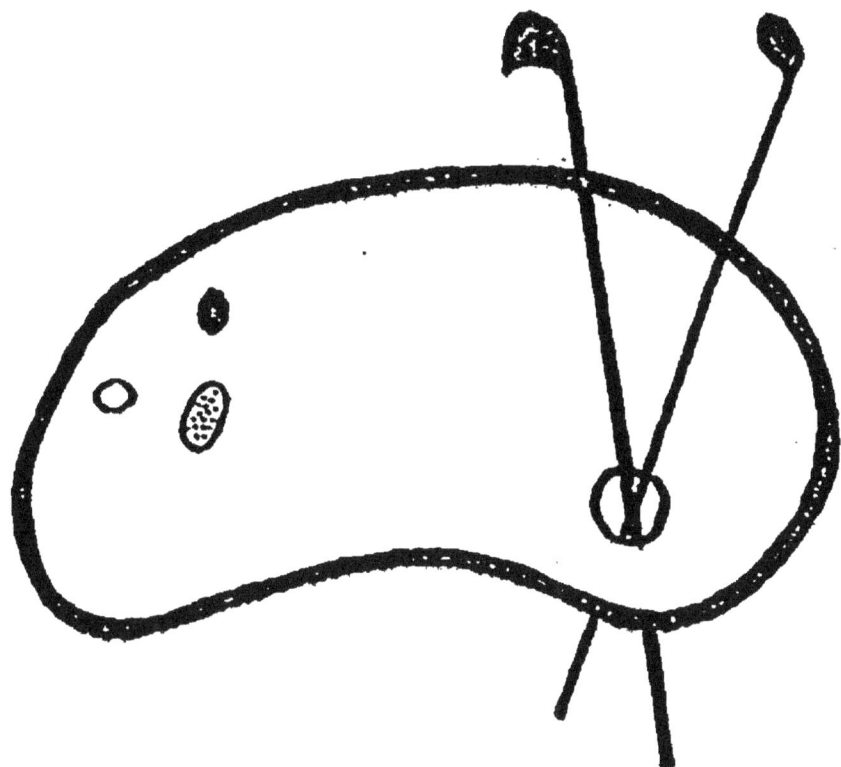

FIN D'UNE SERIE DE DOCUMENTS
EN COULEUR

LES PÈLERINAGES EN PICARDIE

DU XIVe AU XVIe SIÈCLE

LES

PÈLERINAGES

EN PICARDIE

DU XIVᵉ AU XVIᵉ SIÈCLE

PAR

F. POUY

AMIENS

IMPRIMERIE GÉNÉRALE, ROUSSEAU-LEROY ET Cⁱᵉ

18, RUE SAINT-FUSCIEN, 18

—

1889

LES PÈLERINAGES

EN PICARDIE

DU QUATORZIÈME AU SEIZIÈME SIÈCLE

Les lieux de pèlerinages étaient célèbres en Picardie dès le xive siècle, on s'y rendait non seulement isolément et par groupes, mais aussi parfois en grande foule, processionnellement et clergé en tête. Les fontaines et les reliques auxquelles on attribuait les vertus curatives et miraculeuses attiraient surtout les populations, qui espéraient fermement trouver là la guérison de leurs maladies présentes, contre lesquelles la médecine était alors impuissante. Elles croyaient aussi, par ce moyen, pouvoir se préserver des maux à venir, et garantir, outre leurs personnes, leurs biens et leur bétail, de tout accident. Les souverains eux-mêmes, ne donnaient-ils pas au peuple, l'exemple de ces pieuses

croyances ? Ne les voit-on pas se rendre à Amiens, à
Péronne, à Boulogne, à Saint-Riquer, à Corbie, à Rue,
et ailleurs pour invoquer Notre-Dame, les reliques célèbres de saint Jean, saint Furcy, etc. On sait toutefois,
combien les pèlerinages composés d'un si grand nombre
de personnes, auxquelles se mêlaient des coureurs d'a-
ventures, finirent par amener de licences et de désordres.
Ce fut au point que le clergé et les autorités civiles mul-
tiplièrent souvent, mais sans résultat, les mesures de
rigueur. Nous n'avons pas à nous occuper ici de ces
graves abus, notre but est seulement de mettre en lu-
mière quelques documents originaux, relatifs à divers
pèlerinages, et de signaler plusieurs particularités inté-
ressantes.

I

Les maieurs et échevins d'Amiens selon un usage re-
montant au xiiie siècle, se rendaient en pèlerinage à
l'hospice des Lépreux nommé hôtel *Saint-Ladre* et situé
près d'Amiens, au lieu appelé encore aujourd'hui, la
Maladrerie, ou la Madeleine. Ce pèlerinage s'accomplis-
sait en grande pompe le dernier jour de l'octave de la
Sainte-Marie-Madeleine. On lit à ce sujet ce qui suit
dans une délibération échevinale du 24 juillet 1460 :
« Messieurs ont ordonné que mardi prochain venant qui
sera le derrain jour des octaves de la Magdelaine ilz iront

en pélerinage à saint Ladre pour lonneur de la Benoite Marie-Magdeleine, et au retour iront disner en l'ostel de Monsieur le Majeur. »

Ces dîners étaient ordinairement assez plantureux comme tous ceux de l'échevinage et des corporations à cette époque, mais dans les moments difficiles, on s'accommodait d'un menu très simple comme cela eut lieu en 1466 : « Messrs feront est-il dit, dans une délibération du 28 juillet, *petite et gracieuse despence pour eschever*, (réduire, diminuer), les grans charges que lad. maison a à porter prtement. »

On peut conclure de ces derniers mots que le dîner avait lieu, non au frais des convives, mais aux dépens des revenus de l'hospice.

On n'avait pas fait moins d'honneur, en 1457, à Philippe de Morvillers, élu maieur d'Amiens, alors qu'il allait en pèlerinage à Notre-Dame de Liesse. M^rs les échevins délibèrent le jour même de saint Simon et saint Jude, époque habituelle du renouvellement de la *Loy*, c'est-à-dire, du corps de ville, que on *enverra quérir* ce nouveau mayeur *adfin* qu'il rentre à Amiens le *plus bref qu'il poira*. En rappelant ainsi leur chef M^rs n'entendaient pas assurément le gêner dans l'accomplissement de ses dévotions, mais faire acte de courtoisie. En attendant, ils envoyèrent un exprès, porteur de lettres closes, afin d'annoncer au Pèlerin la nouvelle, agréable pour lui sans doute, de sa nomination, c'est ce que nous expliquent les archives du temps : « A Jéhan Lebour-

geois, clerc des comptes de lad. ville, paié XXIV⁴ qui lui
avoit esté ordonné prendre sur les deniers d'icelle ville
pour la peine et travail et les dépens de lui et son cheval
de louage de avoir alé au devant de sire Ph¹ᵉ de Morvil-
ler qui estoit sur le chemin voyage et pèlerinage de
Nʳᵉ Dame de Lyesse, c'est assavoir es ville de Péronne,
Lyhons en santers, Corbie et ailleurs, au commande-
met et par l'ordonnance de Mʳˢ de l'eschevinage, cui-
dant y trouver ou rencontrer led. sire Ph¹ᵉ et lui pré-
senter leurs lʳᵉˢ closes pour lesquelles ilz lui signiffiaient
comment il avoit esté fait nouveau maieur d'Amiens en
son absence, le jour st. Simon et st. Jude précédent au
renouvellement de la Loy. » (Reg. aux comptes, 1457-
1458).

Philippe de Morvillers auquel on faisait tant d'honneur, était lieutenant au baillage et fut plus tard échanson
du roi Louis XII ; il fut plusieurs fois élu maieur,
par ses concitoyens, qui paraissaient l'avoir en grande
estime. Il avait pour cousin germain le chancelier du
même nom. (Voir ma Notice sur la famille de Morvillers).

Les présents de vins faits aux pèlerins par la ville d'A-
miens, étaient fréquents au xvᵉ siècle ; le 7 juillet 1401,
12 sous sont payés par le compteur, pour trois *Kanes*
à 4ˢ la *Kane,* de vin présenté au chancelier de Monʳʳ
*Dorléans, qui s'en alloit en pellerinage à nʳᵉ Dame de
Boulongne* (sur mer).

Un nommé Jean, natif du *païs de Elbioppe,* pèlerin,

vêtu en cordelier, muni de lettres de la cour de Rome,
reçoit non pas du vin, mais un secours de quatre sous
Parisis, que Mʳˢ lui accordent pour le honeur et *révérence de Dieu*. (Reg. aux comptes, 28 mars 1444).

S'agissait-il du départ en pèlerinage d'un personnage
marquant, c'était parfois à l'hôtel-de-ville même que l'on
célébrait cet évènement comme on le voit par l'article
d'un compte de 1488 :

« A Jehan Lebarbier, paticher (1), la some de VIIIˡ,
Iˢ, IIᵈ qui lui estoient deulz pour despence faite à lostel
de lad. ville, là ou furent mesd. sʳˢ, à festoier Mʳ de Ru-
bempré a son partement au saint voiage de Jhlem. »
(64ᵉ reg. aux comptes).

Les pèlerins pauvres de passage à Amiens, trouvaient
un gîte gratuit à l'hôtel Saint-Jacques, et aussi quelques
secours. Des fondations spéciales et plusieurs libéralités
avaient été faites, pour cet objet, par des habitants,
comme on le voit par divers testaments.

II

L'échevinage condamnait à accomplir des pèlerinages,
certains délinquants ou criminels, le plus souvent comme
acquittement d'une autre peine, c'est ainsi que l'on voit,

---

(1) Ce patissier qui avait sans doute une certaine réputation en son
temps, n'est pas cité dans les histoires locales.

le 21 novembre 1467, la femme de Thibaut Durancart, prisonnière au Beffroy pour larcin, mais ayant restitué, mise en liberté à la condition de faire le jour de Noël : *ung pellerinage à Notre-Dame de Boullogne où elle sera tenue pñter ung cierge d'une livre pour y estre ais et de ce rapporter cerlijjication a mesd* s^{rs}. (Reg. aux délibérations).

Plusieurs autres justiciables de l'échevinage pour même cause ou pour adultère, concubinage et autres immoralités, étaient sans doute fort heureux d'en être quittes ainsi, car souvent M^{rs} se montraient en pareil cas bien autrement sévères. Le bannissement était la punition la plus habituelle et c'était parfois la fustigation, l'enfouissement et divers autres supplices barbares qui étaient infligés aux coupables.

Relevons encore parmi les sentences échevinales les plus modérées celles qui suivent : Le 21 octobre 1476, un concubinaire n'est condamné en usant, est-il dit, d'un arrêt du parlement, qu'à faire brûler quatre cierges, mais pour les porter, il fut ordonné qu'il serait accompagné de deux sergents. La femme, considérée sans doute comme plus coupable, fut bannie de la ville. Le 28 novembre suivant, un autre concubinaire est condamné à porter le *chief* (la tête) nue, deux cierges en deux églises et en *plain jour*.

Le 18 juillet 1579, il est donné aux sergents de nuit deux *Kanes* de vin de XII^s, pour avoir amené à Ste *Clare ung home tenant ung cierge en sa main a ce condamné pour réparation du péché d'adultère.*

Nous ne multiplierons pas les citations de ces pèlerinages forcés exécutés par autorité de justice, parce qu'ils s'accomplissaient à peu près tous dans les mêmes conditions.

Les pèlerinages imposés comme pénitence étaient très fréquents, mais on n'en trouve la preuve que dans certains registres *ad hoc* tenus dans les lieux de pèlerinage ou dans les certificats délivrés aux pénitents. Il va sans dire que ces attestations ne se rencontrent que rarement aujourd'hui.

III

Les pèlerinages volontaires ayant pour cause les simples actes de révérence et de dévotion, ou bien l'intercession pour la guérison des maladies, la cessation de calamités, les vœux, etc., étaient de beaucoup les plus nombreux, ce n'est que par exception qu'il en est question dans les archives de la ville d'Amiens, lorsqu'il était fait des présents à certains pèlerins illustres ou marquants, ou bien si on leur rendait quelques honneurs officiels comme nous l'avons déjà dit. Nous citerons particulièrement les présents faits au roi Charles VI à son retour d'un pèlerinage à Notre-Dame de Boulogne :

« Au Roi nre s. a sa venue en se boine ville Damiens

de son pèlerinage de N^re Dame de Boulongne le XXVIIe jour de mars l'an mil CCCIIIIXXVI, en temps de karesme, led. jour et fut la nuit, et le lendemain se party d'Amiens et s'en alla au digner à Raineval (1) : et par nos S^rs maieurs et eschevins, et se boine ville d'Amiens, lui ont esté portés : XII pippes de vin blanc et avec ce de la pourvanche que la ville avoit fait de L grosses carppes, XL lus et becques et XL anguilles. » (Reg. aux comptes, 1385-1386).

A la date du 12 avril 1386, on trouve encore la dépense suivante :

« A Thibaut Larue potier d'estain le XIIe jour d'avril lan MCCCIIIIXXVI, pour XVII poz demis lot destain pesant XXXIV^l. et demi, esquels au Roi n^re S. à Monsr Devalois, à Monsr de Bourgogne et autres grans seigneurs furent pnter de par la ville plusieurs pièces de vin, au retour du Roy n^re sire de son péllérinage de Boullongne, en mars dernier passé ; LXIX^s. »

On sait que Isabeau de Bavière, lors de l'entrevue qu'elle eut à Amiens, à l'occasion de son mariage avec Charles VI (1385), prit, pour se rendre en cette ville, le prétexte d'un pèlerinage au chef de saint Jean-Baptiste, qui attira *bien coup* d'autres princesses et princes, mais

---

(1) Château aujourd'hui détruit et qui avait appartenu au siècle dernier, à la célèbre famille de Mailly. La commune sur laquelle il était situé prit le nom de Mailly-Raineval (Somme). En 1585-86, le domaine de Raineval, où se rendit Charles VI, appartenait à Raoul de Raineval, grand panetier de France.

du moins, mus par un véritable motif de dévotion. Les faits considérés comme miraculeux, se rapportant à la relique de saint Jean, ont eu de grands retentissements, encore bien qu'ils n'aient été parfois accueillis qu'avec une grande réserve par certains prélats. On peut citer notamment la guérison de Nicole Aubry, en 1577, au sujet de laquelle l'évêque Geoffroy de la Martonie, fit faire une enquête médicale. Un livre contemporain, fort rare aujourd'hui, donne de longs détails sur ce cas de guérison et sur divers autres. Il est intitulé : *Histoire véritable de la guérison admirable....* (Paris, Chesneau, 1578, petit in-4°, de 32 pages).

Nous rappellerons qu'il a été souvent question, dans divers ouvrages de pèlerinage, du chef de saint Jean-Baptiste, comme de l'un des plus célèbres de la France, et que parfois de puissants et riches pèlerins, ont fait, pour l'ornement de la cathédrale d'Amiens, et de son reliquaire, de magnifiques présents.

Les pèlerinages de toutes sortes étaient fort nombreux en Picardie aux XVIIe et XVIIIe siècles (1). Aujourd'hui encore certains endroits sont très fréquentés mais les pèlerins actuels n'ont pas tous l'ardeur et l'austérité de ceux d'autrefois, on pèlerine en général conforta-

----

(1) « En ce qui concerne les Pèlerinages des deux derniers siècles, voir le manuscrit de Bernard, encore bien que ce travail ne soit pas « exempt de lacunes et d'erreurs. »

blement et nous ne sommes plus au temps où le maire d'Amiens allait pédestrement invoquer Notre-Dame de Liesse.

Je n'oublierai pas de rappeler en terminant, que le bon accueil fait dans la ville d'Amiens aux pauvres pèlerins passant par cette ville au XVIe siècle, a trouvé des critiques, il a été dit notamment que les mendiants et même les *vagabonds* au lieu d'être chassés de certaines hotelleries et de la cour des *miracles*, auraient presque mérité d'être aussi bien traités que les pèlerins qui étaient logés, couchés, nourris, les hommes aux hôpitaux Saint-Jacques et Saint-Julien et les femmes à l'hôpital Cocquerel tenu par les Sœurs grises. (Registre de l'Échevinage) Mrs les Maire et Échevins ne firent aucune réponse à ces critiques un peu malicieuses et par trop bienveillantes pour les vagabonds.

F. POUY.

Amiens. — Imprimerie Générale, 18, rue Saint-Fuscien.

21

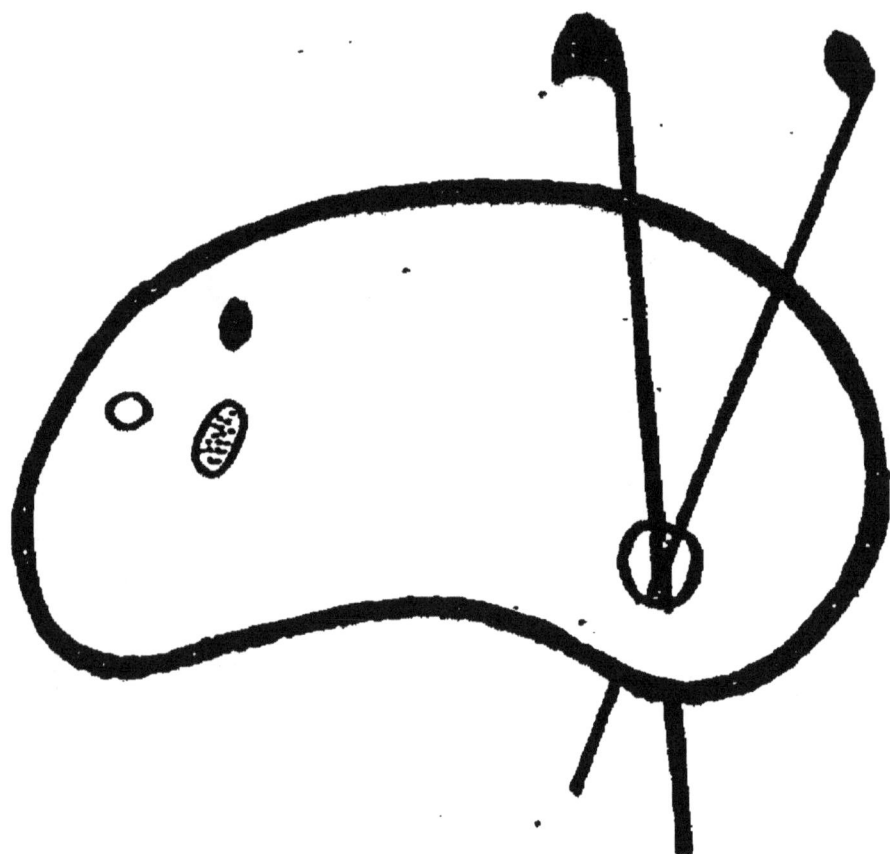

ORIGINAL EN COULEUR
NF Z 43-120-8

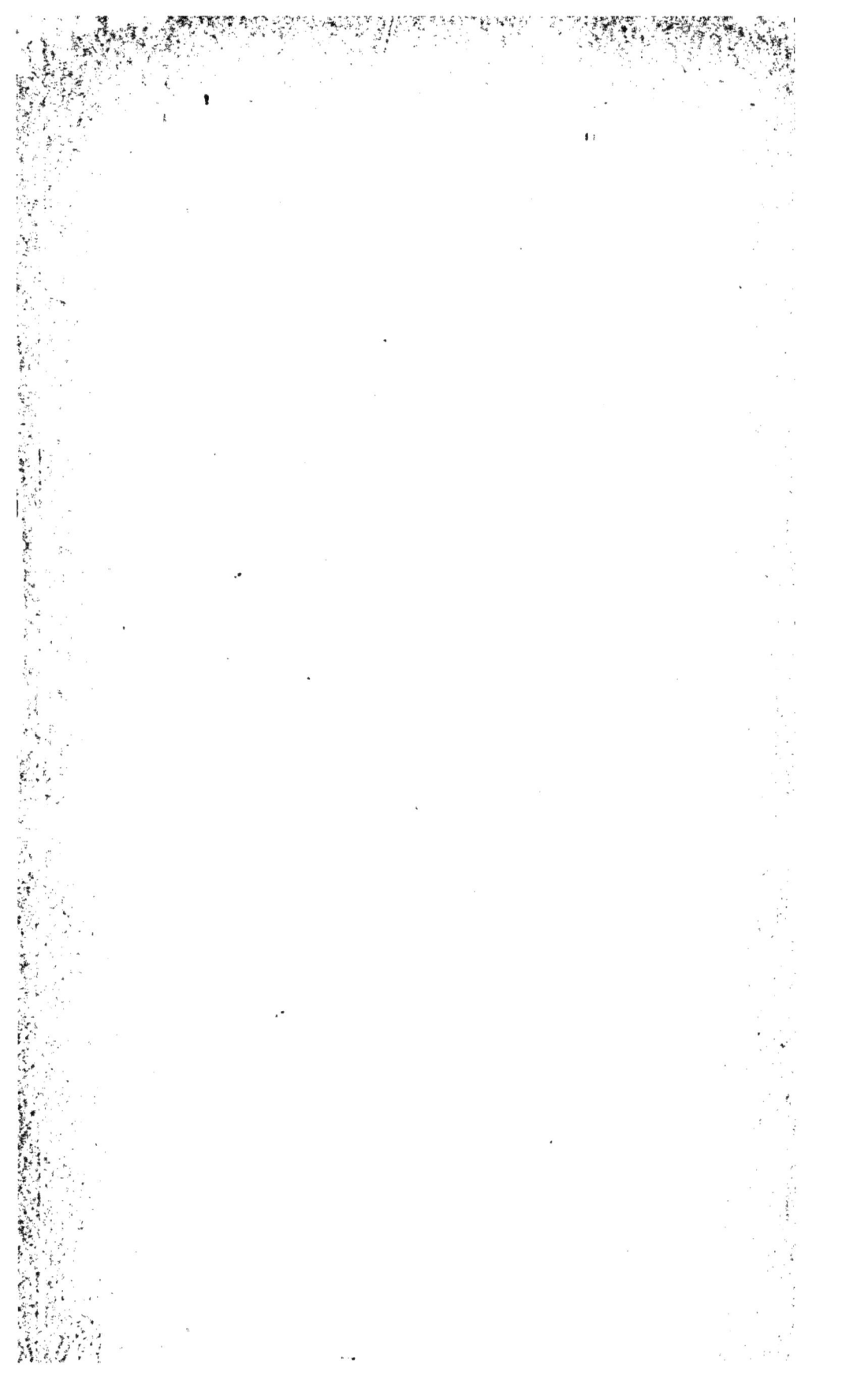

www.ingramcontent.com/pod-product-compliance
Lightning Source LLC
Chambersburg PA
CBHW060203070426
42447CB00033B/2437